AF454523

NATHALIE MARIA LORGEN

Håndbok i
lingvistikk og ensomhet

NORDLYS
PUBLICACIONES

ISBN: 978-82-691327-2-4

NATHALIE MARIA LORGEN

Håndbok i lingvistikk og ensomhet

Uten syntaks kan ingen varig følelse finnes.
Udødeligheten er en funksjon av grammatikken.

Fernando Pessoa

BETYDNING

(eller menneskets ønske om å bli hel)

Entropi

I hjertet finnes en lov
lik den i universet
der alt omsider mister form
og går fra kosmos til kaos
fra fast til flytende
fra sammenheng til meningsløshet

Der strukturene går i oppløsning
som om det var noe vakkert
det var snakk om
Som om det var hjertets kamp
ut av de strenge grammatikkers tråder
ut i frihet

Cogito ergo sum

Spør oss selv om vi er
Om vi tenker eller
tenkes
av noe høyere enn oss selv
Her vi beveger oss
så raskt at det er så vidt vi eksisterer

Aldri hjemme
mellom hjemmene
så raskt at vi ikke kan gripe
verken oss selv
eller andre
med tanken

Vi er tåken
som legger seg
og siden letter fra byene
Som tar inn ansiktene
gjennom slørete blikk
Vi er luften
der ordene fordamper
og går tapt

Den skrivendes død

Nå ser vi utallige verdener
hvilende i utallige dimensjoner
Horisontalt
men ikke vertikalt
For det finnes ingen bunn
Ingen siste mening
som den skrivende vil avdekke
som den største hemmelighet

Hvem bryr seg uansett?

Den skrivende har blitt erstattet
av vi som ser
av vi som leser verden
som et dikt

Grenser

Å nærme seg grensene
er å nærme seg intet
skjønt menneskene faller
fra den ene til den andre siden
Sjanglende og fulle
av absolutte sannheter
Disse dogmene som bare er tanatos
i forkledning

For å nærme seg grensene
er å nærme seg døden
Her vi kaster oss frem
mot det endelige slaget
den siste revolusjonen
der både det blendende lyset
og bekmørket
hindrer oss i å se

Ordenes liv

Se
Ordene leker med oss
Ømme barnehender som er ord
ord

Ord som vokser
Som vokser seg sunne og feite
så vi kan spise dem
Lese dem bedre
inni oss selv

og kroppen utvides for å gi plass
til alle tegnene fylt av sursøt næring
Gir oss voksesmerter for å kunne romme
ordene
som puster
ordene
som lever

Øvelse

Nølende
nærmest haltende
beveger vi oss fremover
i disse øyeblikkene som fødes
av det ugjenkallelige
og som ikke kan sammenlignes
med verken tidligere
eller senere livsløp
her vi åpner munnen og handler
samt lever i evig risiko

For vi forstår ikke hva vi gjør
før det er gjort
Så vi beveger oss frem
ord for ord
samt forsøker å opprettholde en rød linje
gjennom dette livet
som var og forblir en test
og som aldri riktig kan bekrefte
hva det er vi øver til

De navnløse

Utenfor hjemmene
ser jeg de navnløse gå
uten retning
De som spør uten stemme
hvorfor vi tok fra dem språket
som lot dem sette ord på seg selv

Ute i gatene
ser jeg ensyklopediene marsjere
uten mål
Ser dem demonstrere all sin makt
i himmel og på jord

idet de passerer ansiktene
uten åpning
verken for munn eller mæle

Skjønt ett eneste blikk
fra de navnløse
og den papirtynne makten
står i brann

Språkets lunefullhet

Ordene kommer
Ordene går
Maktesløse ser vi dem fly
sine egne veier
her de slår oss over ende
her de stryker oss over huden
Fantastiske og uberegnelige
disse ordene

Disse ordene
vi ikke kan fange
her vi står
hjelpeløse og ute av stand
til å eie et språk
vi trodde var vårt

Og vi spør oss selv
om vi er ansvarlige
for smerten og kjærligheten
disse ordene etterlater seg
som regndråper i tørst jord

Om vi bærer dem med oss
som voksende lemmer
som bare venter på et øyeblikk
til å handle

Hvem vet
om vi er sterke nok til å definere
verden
hverandre
virkeligheten og illusjonene
ved å ta ordene i besittelse
og slik gjøre det hele
litt lettere å lese

Signifikanter

Menneskene
Vandrende signifikanter
innimellom alt det formløse
Like uttrykk
dog med forskjellig innhold

Slik dagene omfavnes
av det samme lyset
de samme skyggene
så man nesten skulle tro
de var identiske

Se nærmere
menneske
Finn ditt signifikat
Din helt unike mening
som bare du bærer inni deg
som et barn
klart til å fødes

Speil

Skjønt det som betyr noe
er å lete så mye at man går seg vill
til man blir svimmel av alle speilene
til man faller på speilene
og knuser
og knuses

Kan frihet være kvelende
spør vi
her vi fanges av veiene
som knyter seg rundt halsen vår som et bånd
Kan vi våge å tro at det varer
denne forløsende forpliktelsen
dette fengselet som stadig utvides
for å gi plass til løftene
Det eviges kjærtegn

Sirkler

Kan det ha seg
at mennesket ikke finner sin styrke
på en strak linje
men derimot i sirklene
det beveger seg innenfor

og at motet ikke ligger som steiner
vi plukker opp på veien
mot et ukjent mål
men i bevegelsene idet vi snur
idet vi ser de andre sirklene i øynene
og roper ut vårt sokratiske credo
vår tro på veksten som fødes
av forandringen
samt på menneskets uavlatelige
omvendelse

Tyngden av preteritum

Tynger den oss
denne biten av tiden
som så møysommelig
har tatt opp et rom i oss
og fyller det
med en kropp av minner

Og er det ikke slik
at hadde det ikke vært for denne kroppen
hadde vi bare vært
et tomrom av presens
For uten preteritum
ville vi ikke vært
de vi er i dag

Et under
at fragmenter av tid
kan ta opp plass
og at vi er store nok
til å gi dem bolig
Her vi formes og bøyes
av alt det som fant sted

Vel vitende
om at den dagen
vi er romslige nok til å huse selve evigheten
er den dagen vi opphører
å være til

Metamorfose

På tide å våkne
Gjøre opprør
når jernhender griper om lungene

Hvem vil vi være i en ny alder
Hvem vil vi være
annet enn vår egen skygge
annet enn et evigvarende kolon

La dagen komme da vi skal se
samt i lutrende metamorfose
gjenskapes til det mennesket
vi for alltid var ment til å leve

Kintsukuroi[1]

Alt er knuselig
Oppvåkning
Biter satt sammen med gull

---

1 Kintsukuroi («reparere med gull») er navnet på en japansk kunstform som går ut på å reparere knuste keramikkgjenstander med gull.

Skygger

Alt er skygger
sa livet
så jeg bestemte meg for ikke å se annet
enn det usynlige

Med verdens ting
kan jeg ikke snakke
Navnene deres er uleselige for meg
her jeg går rundt og døper
det udefinerbare

For bare dette kaster sitt lys mot meg
så det kan fattes av øynene og gestaltes
her i mitt univers av drømmer
og det uhåndgripelige

Skjønt enn så lenge
er jeg fremdeles en utlending
i virkelighetens mimesis

Merkelapper

Som barn ser vi virkeligheten
her den floker seg sammen
i alt det navnløse

så vi setter merkelapper
på tingene
og gjør det uleselige
leselig

Vemodet er

Vemodet er
de hudløse sjelers lykke
idet vi kapitulerer
og sprenger oss ut
av våre egne navn

Her vi lokkes mot treets
vårkåte knopper
samt mot et hav vi synes å huske
fra ungdommens tilbedelse
Drikker luftens fuktige fylde
i den tro at vi ennå ikke har smakt
en dråpe av døden

Pygmalion

Hvem er vi
spør vi

Menneskene
som ikke har konturer
annet enn i en annens øyne
Alene er vi i ferd med å løses opp
som ofre for stemmenes krig

Skjønt i klare øyeblikk
kan ett enkelt ord sette seg ned
og bli værende
Dette ordet som kommer
som vi tror på
og som omsider
smelter oss om
her vi speiler oss
i dets bevegelser

Født på ny
som en oppfyllelse av det navnet
vi gir oss selv i gave

Tabula rasa

Så la meg da være et ark
(bare ikke A4)
og la livet skrive
det det vil

Fyll meg
helt ut til kantene
med ord med både gode
og dårlige konnotasjoner

Og selv om det iblant gjør vondt
vet jeg at det bare er slik
jeg kan vokse
bare slik jeg kan bli en historie
verdt å lese

Fremdeles

Du ser ikke meg
her jeg ligger godt gjemt under huden
Ser ikke annet enn vidder av stillstand
og aske
der ingenting gror

Da roper jeg til deg
fra innunder hudens telt
at jeg fremdeles har ild som danser i brystet
fremdeles liv til å stå opp
og bryte ut av denne hulen
du har skrevet navnet mitt over

Og du skal ikke se
annet enn frodig landskap
av bevegelse og vekst
der branner som ikke fortærer
bærer meg
samt gir meg navnet mitt
tilbake

Avstand

Det finnes en bro
vi stadig sjeldnere krysser
mellom jeget
og den personen som erkjennes av verden
Mellom virkeligheten
og speilbildet av de andre

Skjønt når vi ser oss tilbake
fra menneskenes bolig
vet vi ikke om det er sannheten vi skuer
der på den andre siden av avgrunnen
Er det et spøkelse
i ferd med å viskes ut
og som vi ikke lenger kan smelte sammen med
på grunn av for stor avstand

Like fullt fylles vi av nostalgi
her vi fortsetter å vandre på den samme scenen
blant uvirkelighetens kulisser
Vi er selv statister
som stirrer med lengsel på et ansikt
i urolig vann

Drøm. Opplysning.

I et landskap av preteritum og håp
ser jeg menneskene løpe
i frykt for krigerne
som vil slå dem i hjel
skjønt de tar dem alltid igjen

Og det overrasker meg
hvordan jeg kjenner det kalde metallet mot huden
hver gang de angripes
som om de alle var deler
av den samme kroppens diktatur

Muligens er de ikke en gang mennesker
men biter som en gang utgjorde en helhet
og som nå må bøte med livet
en etter en

Helt til det ikke er noe igjen
og jeg endelig har lyktes
med mitt eget prosjekt
om å bli ett med et landskap
der verken preteritum eller håp
noensinne har satt sine føtter

Poeten

Ordene hennes drypper
med tyngde i hver stavelse
Drypper fra hjertekrana
Sakte
Tungt
så tungt at veggene rister

så sakte at hun kjenner væskene dras ut
fra sitt oppholdssted i kroppen
Løsrivelse
dråpe for dråpe
til hun knuses
av sine egne seige bølger
til hun ikke er
lenger

For det er nemlig slik
at enhver tilfredsstillelse
er en form for død

Alle ordene

Alle ordene vi sa
Alle gestene som rev seg løs
fra kroppene våre
Alle vender de tilbake
i samme forkledning
Skjønt med nytt innhold
omformet av det som har vært
og det vi håpet skulle bli

Og selv er de med på å støpe oss
Disse ordene
Disse gestene
slik at mennesket du så i går
bærer med seg en annen mening i dag
nettopp fordi også du
har blitt en annen

Kondisjonalis

Kan vi tenke oss
at det livet vi lever
bare er en skygge
av det livet vi kunne ha levd
at vi kunne ha våknet opp for første gang
i dagens rom
innenfor et annet lands grenser
i ly av et annet språks grenseløshet

Er det tenkelig
spør vi
å se seg selv bli formet
av disse andre ytterpunktene
disse fremmede ordene

Bli en annen
enn den vi kanskje ikke var ment
til å være
og slik oppfylle
det umulige

De romslige

Alt det vi ikke er vitne til
går opp i røyk
som om det aldri hadde funnet sted
som om det aldri hadde vært
noe å brenne

Er dette ordene til de trange
til de som ikke har plass nok
til å huse tiden
og la minuttene deklamere
sin visdom

For de romslige inviterer øyeblikkene inn
og gir dem frihet til å vokse
Disse kryptiske sporene av det forekomne
som blir våre medsammensvorne
her vi rekonstruerer livet
og oss selv

Bare slik kan vi vite
i sannhet og illusjon
i dette halvmørket som har blitt vår kappe
mer eller mindre
hvem vi er

Fall

Fall
Fikk plutselig røntgensyn
da jeg enset en bit av det
som ikke lenger er intakt

Selv språket har gått i stykker nå
Bare en svak hvisking i øret
og jeg tror det er Nietzsche
som i sin troløshet ber meg om
å ha tillit til forvandlingen
til vingene jeg blir prisgitt
idet jeg fortsetter å falle
falle

Jorden har alt åpnet seg for meg
skjønt jeg velger å klare meg uten den
uansett hvor varm og betryggende
den måtte være
om så bare
for en liten stund

Fra en glemt tid

I sirkler går det uoppnåelige
fylt av minner fra en glemt tid
da mennesket fremdeles bevarte sin uskyld
da hun enda fant glede
i gjenkomsten
Den evige gjenkomsten
som ble tatt fra henne
da hun falt

Falt ned på en vei
der hun alltid lokkes
mot mer og mot superlativ
Det hun mistet

Og det er derfor hun ikke finner fred
i det som er
men forsøker å finne den
i det som skal komme
i det ukjente
Dette fjerne speilbildet
av det som en gang var hennes hjem

Innenfor en sirkel
der verken komparativ eller lengsel
noensinne har funnet sted

Natt

Det er i denne timen
når lyset går ned
og stillheten står opp
idet skyggene roper menneskenes navn
at vi vet hvem vi er

Her vi finner ro
i det bleke ansiktets smil
Himmelens Mona Lisa
som med sin tvetydighet
gjør oss mer troende
enn det vi noensinne har vært

I lag på lag av ugjennomtrengelighet
hører vi det kalle
kan vi se det som før var skjult
det som alltid var sant

Det som hviler
midt i jordens støy
Blyg som en ungjente
i de voksnes selskap

i deres feiring av dagen
og det flyktige

Skjønt hun viser seg
for de våkne
for de som ikke går i ett
med glemselens og søvnens kvikksand
Deklamerer våre liv fra et sted
i mellomgulvet
og synger til oss
om umenneskelig styrke
gjennomtrukket av ord og navn
og lys

av sannhet og lykkelig ensomhet

Like uforgjengelig
som morgenen selv

Bekreftelse

Slutt aldri å prøve
Du udødelige
Du som frykter det ukjente
her du skaper deg selv i ditt eget bilde
Fortsett å blåse luft i ballongen
så alle kan se de sprekkeferdige konturene
rundt ditt eget selv
Denne avguden av et ideal
som du bøyer deg for

For hellige er ditt navn og din vilje

«Gi meg i dag mine daglige likes»
ber du
Bekreftelsen på at du er til

Historier

En gang iblant
setter jeg meg ned og skriver
mitt eget liv
i den tro at jeg ikke er i ferd
med å bygge et nytt hus
helt fra grunnen

som om dagene ble åpenbart
som lysbilder
og jeg var i stand til å gjenfortelle dem
ved hjelp av språket

Skjønt jeg er selv forfatter av en historie
der hovedpersonen bare delvis
er lik det mennesket
jeg en gang var

Paradoks

Iblant en gudinne
for natten roser meg med stjerneskudd
og fyndord
som jeg plukker fra universets greiner
og fyller meg med

Iblant oppstykket
med halve blikket skjult
for verden
Godt gjemt bak planeter
og røtter
som jeg føyer meg etter
som en slave
i angst for å oppdages
av de som ikke ser

I en uavlatelig runddans
ser de dagens lys
Den hele og kvinnen av tusen skår
i jakten på forsoning
på oppfyllelsen av det hegelianske paradoks
i kjøtt og blod og ånd

Avstøpninger

Ser du sjelen
som stikker ut
og binder alle lemmer
så bevegelsen opphører

I dette huset er det ikke plass til liv
sier kroppen
for alle rommene brant opp
etter pasjonens storhetstid
som satte fyr på alt

Og det eneste som er å finne i ruinene
er avstøpningene
av alt det du forsøkte å flykte fra
Konturene av blikk
som følger deg
og aldri viskes ut

Vente på Godot

Og vi venter
venter
med angsten som er håpet
som er angstens venn
For alltid revet opp
av det som skal komme
av det som ikke må komme
til ventingen tar overhånd
og blir vår herre
denne grusomme Godot

Vente
på den umulige oppfyllelsen
av det som er nødt til å skje
om vi ikke lenger skal leve
i futurum
og heller finne hvile
i presens

Dødens liv i språkene

Døden
Et altfor tungt ord
med en altfor rundet vokal
Omringet av konsonanter
som smeller i munnen
i motsetning til myke diftonger på andre språk

la Muerte
smyger seg ømt inn gjennom ørekanalene
og lar oss sitte igjen med en søt smak i munnen
Ikke så vanskelig å gripe
Ikke så flerstemt
som livet selv

døden
mellom to fingre
blytung og svart
skjønt full av liv i andre land
En fargepalett å tvinge i kne
samt et smilende skjelett
som nikker anerkjennende og sier

du Menneske er større enn meg

Iblant

Iblant en bris
som puster liv i dagene
fra en glemt tid
Forsiktig kiling i nakken

Iblant en storm
som legger landskap øde
som leier ut rom
til spøkelsene
og ønsker velkommen inn
det som var
Biter av forgjengelighet
som søker nåtid
ja
kanskje også evighet

Skjønt jeg er ikke stor nok til å huse
annet enn det som er
og huden min revner
om ikke den fastsatte kvoten
blir respektert

Så fyll meg da bare med ord
Ord jeg er i stand til
å bøye i presens

Mer kan jeg ikke tåle

Hvile i min egen oppstykkethet

I min kamp for helhet
i mer enn bare små evigheter
der jeg iblant strekker meg så brått
og så langt etter bitene
at jeg revner
segner jeg omsider om
og spør meg selv om jeg ikke
kan tillate meg å hvile
i min egen oppstykkethet

Om jeg ikke kan finne stillhet
i de lange trådene
som holder meg sammen
Stole på at de holder

Her jeg puster langsomt ut
i hvert eneste lem
og lar åndedrettet følge blodet
helt ut i det uvisse
i det som aldri fikk navn

Fredfull

selv om pusten og livet
er mine eneste rammer

Jeg vet at en dag
skal voksesmertene avta

STRUKTURER

(eller kunsten å finne sin plass hos de andre)

Tellus i sørgeklær

Uten den andre
skuer vi oppgitt utover verdensgapet
Tellus går i sørgeklær

Er det rart de hudløse hengir seg
til sykloner og kometer
Hva har vi å miste
spør det nyfødte mørket
i menneskehjertene

Naturmennesket

Å legge seg inntil berg og kratt
utenfor ansiktene
utenfor stemmene
Er det en menneskerett
spør vi

Språkene
ikke nødvendige lenger
Ordene
til overs

Å legge seg inntil seg selv
i den eneste trygghet
blant troll og djevler som sprakk i dagslys
i naturens ville ange
der vi mister mennesket i oss

For vindene kan ikke temmes
Heller ikke barbariets
rotløshet

I støvet

Fjellets sang over jorden
Trær bøyer seg i støvet
Menneskenes hjem

Dagen gryr

Dagen gryr
i håret
mellom tær og fingre
vekker alle lemmer
dette lyset som legger seg som en brynje
over kroppen
og hindrer henne i å se

Skumringen pakker sjelen inn
i myk silke
Blodet finner vei
gjennom årene
gjennom årene som stadig blir færre
til hun er et barn
Gjenfødelse i mørket

I luften
stemmene synger motsigelser
som får hjertet hennes til å hoppe og falle
hoppe og falle
som om siste vers ble deklamert i øst

Midt i forvirringen og ekstasen
tar hun seg selv i å tvile

vet ikke lenger
om det er morgenen eller kvelden
som snakker sant

Nomade

Klokken fire om morgenen
Jeg våkner
av at alarmen går
Et skjelv som brer seg
ut i alle lemmer
og jeg forstår at det er på tide
å bryte opp
før jeg begraves levende
av hverdagens støv
av det kjentes grunnmurer

For når sant skal sies
er det alltid grønnere
på den andre siden
og jeg kjenner rusen
idet jeg drar
Alltid fra
dog aldri til
noe sted

Føtter som brenner
Bærende på

en notorisk utvandrer
Vinden som bærer
stemmen
ordene

Vær ikke redd
for deres elskede land
Det er ikke slik
at jeg har tenkt å slå meg ned

Ekstase
idet jeg bestiller min siste billett
til månen

For i bevegelse skal nomaden
finne sin død
Skjønt heller ikke der
skal hun hvile

Med og uten den andre

I heisen står du
Ubevegelig
mens rommet rundt deg flyter

Utenfor høres skrittene
av det ukjente
mens de elskende nynner
og du vet ikke om du skal trykke på stoppknappen
og gå ut

For den fremmedes støvler er for urovekkende
så du fortsetter å la rommet krumme seg etter deg
og hindre deg i å vokse
Her du slåss mot deg selv og veggene
som bøyer seg etter materien
som er deg
og som roper
at det ikke er luft for deg
verken ute eller inne
og at du uansett vil lide kvelningsdøden
både med og uten
den andre

Stengt dør

For fremdeles er døren lukket for uvedkommende
Stjernene fremfører sine klagesanger
uten publikum
så man nesten skulle tro
at de lengtet

Krabbejakt

Jeg vet ikke
men det føles iblant overveldende
å leve i en verden der ordene
vokser på trær

Lik et barn som leter etter krabber
løfter jeg på tunge steiner
for å se om det ikke er der
stillheten ligger gjemt

Fonemer

Mennesker
Ubetydeligheter på trikken
Bare Gud kjenner
våre distinktive trekk
her vi går rundt med øretelefoner
ute av stand til å lytte
til hvert enkelt fonem

Ensomheter

Vi fortsetter å hviske hemmeligheter i skogen
i frykt for at noen fremdeles lytter
Passer på å bare bli venn med trærne rundt oss
for en dag skal vi elske
med skaperverket

Og menneskene vi en gang tilhørte
er bare ulike ensomheter som ennå venter
Vet ikke at også de en dag skal flerres
på grunn av noe som ligner nærhet
Vet ikke at også de må bruke tiden på
å sy seg selv sammen
lukket for andre ensomheter

(U)avhengighet

Du kommer til meg
lik alle andre dager
Holder meg
lik alle andre hender
Du kommer
men ser ikke oksygenmaskene
som slippes ned fra taket
i mangel på ensomhet

Du elsker meg i stykker
lik alle andre sjeler
Biter av stål
forsvinner i luften
og det som er igjen
flyter over og inn i deg
Du liker det
sier du
at grensene viskes ut

Abstinenssymptomene opptrer
like før morgengry
Skjelvende lister jeg meg ut døra

før du får se meg
forsvinne

I virkeligheten drar jeg
for å samle sammen bitene
lik alle andre morgener
Tegne opp grensene
lik alle andre fryktsomme
som fremdeles kjemper for retten
til å ha sitt eget rom

Timelig redning

Da ler den av oss
den svarte gallen
vår timelige redning
bundet til oss i en avgrunns tango
her vi sluker natten som rått kjøtt
her vi knasker i oss stjerner og måner
på hule hjerter

Skjønt vi fortelles om ensomheten
vi med tiden har vunnet
som konfronterer oss
med sine krater

og vi innser
at selv friheten er vemodig
i sin lengsel

Fremmed

Mellom boksider
skrevet på et annet språk
befinner jeg meg
Et ord
tatt ut av kontekst

Menneskene leser meg
men forstår ikke betydningen
Bare noen få tar seg bryet
med å slå meg opp i en ordbok

Et fremmedord
som kan virke eksotisk
eller rett og slett ubetydelig
alt etter hvordan det tolkes
alt etter hvem leseren er

For alt er relativt
For forfatteren er jo død
for lengst
(ifølge Foucault og de andre)

Det finnes likevel
en absolutt sannhet

Hvert eneste morfem i meg tørster
etter de som ikke vil oversette meg
etter de som bare lar meg være
den jeg er

Det er dager

Det er dager da alt åpner seg
og jeg lar verden trenge inn
Menneskene
kaster lysene sine mot meg
og jeg fylles av dem
som en glødende sol

Det er netter da de kan sove hos meg
uten at jeg blir urolig
Øyeblikk da øynene våre
forandres til ord
og jeg kjenner meg i slekt med alt og alle
forent i språk
og hengivenhet

Her vi hviler sammen
i ensomhetens gavmilde jord

Verbets slaver

I en verden der verbet
er mektigere enn tanken
springer de vågale fremover
i en setning som verken har
punktum eller komma
En evig bevissthetsstrøm
som helt sikkert
hadde behaget Joyce

Det er snakk om handlingens
kvinner og menn
som i sin higen etter
forandring og fremskritt
overhører det som blir nedskrevet
i det stille
noe som inneholder minst like mange
reformer og revolusjoner
grunnlover og selvstendighetserklæringer
som det som finner sted
i det ytre

Alt dette skrevet ned

av menneskene som lar pennen
gå sin gang i det indre
Av sjeler
som er en eneste åpning mot jorden
samt mot naturens puls

Og vi vil aldri bli fortalt
disse historiene
om vi ikke en gang iblant
lar være å følge verbets kommando
og heller setter oss ned og lytter
til hva det ordløse
har å si

Månebarn

Pakket inn i svart
samtaler hun med det bleke ansiktet
med dype krater til munn
Hvert ord som kommer ut derfra
en gåte
kryptiske ordspill
så hun finner frem ordboken

Hun finner frem ordboken
og slår opp ordene
som slenges ut av sprekkene

Hun forstår ikke alt
Ordboken er tydeligvis utdatert
men ansiktet sier et eller annet
om at det leter etter datteren sin

Et barn med katteøyne
som ser bedre i mørket enn i lyset
skapt i ansiktets bilde
formet av ansiktet
Det bleke ansiktet med krater til munn

er hennes speil
og hun
en fremmed
som omsider inviteres hjem
Den fortapte datter

«Så lenge har du vært borte fra meg»
sier ansiktet
skjønt dets grelle lys har ført henne hit
til en blek kopi av frelsen

Nå forenes de i kjærlighet
Far og datter
To blodfattige ansikter
med dype krater
til sjel

Den dagen

Det var planetens grønne hår
som begravde føttene
og øynene hennes
og som fikk henne til å gråte
den dagen
hun ble ett med jorden
og hun fuktet den med ømhet
så nytt liv
kunne spire og gro
i jordens hjerte

Det er det hjertet hun selv eier
Det samme lune mørket
Den samme dype fukten
Poes innsjø full av tanatos
der også Sapfo gravde ut versene sine
Den livsbejaende, destruktive Sapfo
Denne myren
som rommer alle lengsler
og stillhet
Skaldens skattkammer

Det var dette hun kjente
den dagen hun ble pakket inn
i planetens grønne hår
og ble ett med jorden
og gråt

Hilsen fra Saussure

Alltid var det så vanskelig for meg
å ta vare på menneskene
Tunge, gode byrder
som ble ristet av
i frykt for at jeg skulle miste
meg selv

Skjønt jeg visste ikke den gang
at jeg er en del av en struktur
og at jeg bare ved å stå
ved siden av de andre
kan gi mening
at det bare er gjennom
de andres blikk
jeg kan kjenne mine egne grenser
og bli hel

Imperfektiv

Med kroppen støttet mot kloden
tar vi inn det diffuse orkesteret
av stemmer og late greiner
som krumbøyde hvisker sine uhørlige melodier
og synger at vi nå er en del av alt dette
dette bakgrunnsbildet
det imperfekte og uendelige

De synger
så insisterende at vi bryter oss løs og roper
at vi ønsker å være en del av narrasjonen
av handlingsforløpet
som leder oss mot et mål

For vi har ikke all tid i verden
til å vente på det som gror
det som hvisker
Ikke en gang til å ta innover oss
den progressive handlingen det er
å nærme seg et annet menneske
idet avstanden reduseres
litt etter litt

og vi går mot en destinasjon
som aldri kan nås

For vi ser ikke at denne bevegelsen
har sin verdi
sin skjønnhet og signifikans
nettopp i
det ufullendte

KOMMUNIKASJON

(eller kunsten å snakke samme språk)

Samtale

Alt levende
snakker til meg
Bladene på bambustreet
er tunger
som former vokaler og konsonanter
mot himmelhvelvet
Bølger som fyller luften
og som vinden skriver ned
i sin gjennomsiktige notatbok

Det er snakk om hemmeligheter på et språk
jeg vanligvis ikke forstår
som ellers ikke ville blitt betrodd meg
hadde jeg ikke latt meg åpne opp
og reist til dette andre stedet
der solen skriver sannhetene
med gullskrift

Bokstaver så lyse
og så blendende
at jeg nesten ikke kan lese dem
skjønt selv om jeg bare kan tyde

en brøkdel av ordene
har jeg aldri kjent meg
så trygg og så hjemme
som her

Ordenes venterom

Iblant venter ordene
utenfor et rom
der vi våger å møte
gåters blikk

Japansk drøm

To sjeler møtes
Talere av samme språk
Stillhet fødes

Rop

Jeg roper til deg i drømme
i det ubevisste der stemmen drukner
der lyder av angst
trenger gjennom vann
men ikke når frem

Jeg roper
til en som ikke lenger har ører
til en som sitter i en annen båt
og ror bort

Bort fra forståelsen
Fra speilene
og de symmetriske bevegelsene

Fra ordene
som bare var våre

Likevel fortsetter jeg
å presse luft ut av lungene
i håp om at stemmen vil bære
i håp om den vil lage bølger

store nok til å velte båten din
så du kan synke ned til meg igjen
til der vi en gang var

På dypet
nære nok til å kunne drukne
hverandres ensomhet

Babels tårn

Så det er dette vi vil
Trenge inn i hverandre
gjennom et hav av strukturer og ord
Søke den andres syntaks
så vi kan lære oss å elske
her vi skamløst klatrer opp
Babels tårn

Er det en synd å komme nærmere
spør vi
Var det aldri meningen
at vi skulle forstå
Det har seg tross alt slik
at enhver sjel består av en egen grammatikk
godt skjult under huden

Skjønt vi begjærer
at den andre skal kjærtegne morfemene
og lydene i oss
Kysse det som til nå var hemmelig
samt være i stand til å lese oss
slik vi er skrevet

og slik
ta oss i besittelse

Da du dro

Da du dro
ble øynene mine til netter
der stjernene døde
en etter en

En etter en
dro dagene
og etterlot meg i det tidløse
Et sted der tingene
ikke har navn

For du slo av lyset
da du forsvant ut døren
og i kofferten hadde du med deg
både tiden og språket

Og jeg
jeg ble værende igjen i mørket
med ingenting annet enn fortid
mellom hendene
Uten så mye som et ord
å hvile meg på

da du dro

Forglemmegei

I enden av det som er
av det som en dag
skal bli fortid
knyter jeg et bånd
så det kan bevares
i et rom
så det ikke renner ut
og forsvinner
i massen av nevroner
og bilder

I dette rommet
hviler du trygt
Så stille at du er i stand
til å forme meg
omforme meg
og kanskje også en dag
helbrede meg
til tross for at du ikke lenger
er innenfor rekkevidde

i stand til å gjøre hel (igjen)

den jeg er
Hun som lever i dag
og som senere
skal bli fortid

Japansk drøm II

Hverdag mellom fingrene
Hun ser på ham
Ord hviler i luften

Forsoning

Og jeg bøyer meg for ordene
som har makt til å gjøre deg
større eller mindre
Til å skyve deg bort
eller trekke deg nærmere

For da jeg våknet i morges
var du over meg
som en kjempe som skygget for alt
og jeg så ikke annet
annet enn den altoppslukende nærheten
der ordene bare var ett
av mange språk

Helt til dette ene
dette ordet
dro deg bort fra meg med lasso
og du ble liten
Stemmen din
en hvisken
der du truet med å dunste bort
for godt

Og jeg
jeg strakk meg ut etter deg
og falt
Deretter lette jeg forgjeves etter deg
i skuffer og skap
mens din lavmælte klagesang
fylte rommene
med giftig gass

Da er det igjen dette ene
dette ordet
den magiske trylleformelen
som kan frelse oss
som igjen kan gjøre deg
stor og nær og altoppslukende
så jeg kan se deg
så jeg kan nå deg
og du blir håndgripelig
igjen

og nærheten er et sammensurium av språk
Forsoningens tungetale
som bare de elskende forstår

Snakk

Snakk
så de forstår
det vi selv ikke forstår
så de kan se hullene våre

Her vi graver oss frem
frem
gjennom tunneler av koder
av hengelåser og tause jernbommer
Graver hverandre ut
til hverandre
til samme språk

La Malinche[1]

En kvinne var tungen
de fremmede trengte
En bro mellom det nye
og det gamle
som senere skulle bli brent
samt et tilfeldig instrument
tvunget til å tjene forståelsen
og døden

Malintzin, Marina, María
La Malinche
Kjært barn har mange navn
du datter av det forhenværende
av det som ble revet bort

For de fremmede erobret
både jord og tunger
De som i sine herjinger

---

1 La Malinche var navnet på en kvinne i den aztekiske urbefolknin-
gen i dagens Mexico som ble kidnappet og brukt som tolk me-
llom de spanske conquistadorene og aztekerne på begynnelsen av
1500-tallet.

klipte av røtter
i det som skulle bli
de farløses land

Og du Marina
som av gudene ble forbannet
med feil gave til feil tid
Et uskyldig offer
i grunnleggelsen av en verden
som slett ikke var ny

Du skal likevel vite
at en stor del av det som var ditt
fremdeles er rotfestet
i gavmild jord
og at selv ikke den mektigste
av erobrere noensinne
kan rive det opp

Babbel

For jeg skjønner ikke hva du sier
hva som ligger bak
lo que estás diciendo
je ne te comprends pas
nei nei nei
you need to speak louder
Og jeg som trodde vi var
på samme bølgelengde
tu e eu, mas não (?)
warum, warum, warum
Tlen quihtoa moyollo?
Hjertet ditt sier så mangt
Es mejor buscar el silencio
sans mots
tror det er bedre, ja
å holde munn

Hysj

Løpegutter

Månen henger lavt i kveld
Et ruglete speil
på en svart tavle
der jeg skriver alle spørsmålene mine
Disse ordene som er løpegutter
mellom det hinsidige
og meg

Når jeg ser deg

Når jeg ser deg
smører jeg på lag på lag
med det du er
og det du kanskje aldri var
og heller aldri vil bli
Skjønt for meg
er du alt dette
Monets vannliljer
som han
etter å ha sett
erobrer og gjør til sine
De har blitt hans eiendom
for de har fått hans lys
kastet over seg
På samme måte kaster jeg
mitt lys
over deg
mitt ruglete lys
og elsker helheten
i bildet det former
med alle lagene jeg har smurt på

og som kanskje ikke har annet enn fragmenter
å vise tilbake til
Biter som limes sammen
av blikkets stråler
og føder
i sitt bilde
den sanneste illusjon
den vakreste livsløgn

Kjære

Blikket ditt
Meningsbærende og varmt
Om jeg bare ser dypt nok
makter jeg også
å forstå

Språket var ikke forbeholdt deg
den siste tiden
Likevel var det som om jeg tenkte
at det ville ha vært overflødig
at hendene dine
tross alt var nok

Hendene dine
som sa så mangt
hver gang jeg rørte ved dem

For om du mistet tiden
mistet du ikke deg selv
heller ikke tilliten
eller nærheten
Verk som ganske enkelt

ikke kan oversettes til ord

Takk
for at du aldri sluttet
å snakke med oss
tross alt

Forståelse

Du ser meg
at jeg er meg
fordi jeg ikke er som andre
Lik tegnene i språket
som er bare det de andre ikke er

Du har øyne
Øyne som er i stand til å fatte
og forstå meg
når de leser
samt til å finne en sammenheng
når jeg står skrevet
sammen med deg

Invitasjon

Gi meg et ord
og jeg skal speile universet mitt i ditt
Så får tiden vise om vi forstår hverandre
eller ikke

For bak det skrevne og det sagte
bak ansiktene
finnes en sjø av bilder

Jeg er yr av spenning
her du inviterer meg med
på båttur

Nåde

I frykt for at lidenskapen skal forsvinne
oversetter vi den til ord
som vi skriver på alle vegger
med rød sprittusj
Slik besegler vi det forgjengelige
fra dag til dag
Trenger dypere inn
i hverandres gåter
hjulpet av kjærlighetens
kompliserte grammatikk
fylt av unntak, uregelmessigheter
og nåde

Nåde
som er lik viljen
og tålmodigheten til å lære
et fremmedspråk

Forståelse II

Et under at du kan se meg
at du kan lese meg
Skjønt jeg er like innfløkt
som et dikt

Et mirakel
at til tross for gåter
og oppstykket syntaks
vil du fremdeles deklamere og nyte meg
helt til siste vers

Her vi elsker og lar oss omslutte
av et resiprokt pronomen
samt trer over terskelen
og tar bolig
i samme språk

Høydepunkt

Stemmen din kommer som en kropp
og fyller oss til randen
av bryske plosiver

Tankene blir stille
i bladrislingens hvisking
i båtmastenes kryptiske slagverk
Kroppen åpnes

Og det endelige klimakset
vil være å hoppe over et gjerde
for så å falle
falle tilbake til liv
igjen

Vi løper ikke
men står rolig
her vi verken dør eller venter
bare kneppes opp

Fylles og tømmes

Tyngde

Du er tung
her du henger fast i hjertet mitt
som et anker
så jeg ikke skal miste fotfeste
En god byrde

og du tynger
Du tynger meg
med vekten av
en annen slags frihet
som innebærer at man tilhører en annen
mer enn man eier seg selv

Leksemer

Har alltid følt meg som et unntak
Bøyes ikke på samme måte
som leksemer flest

Skjønt det var før jeg møtte deg
i alle fall føles det som om
vi befinner oss innenfor
samme bøyningsparadigme

Mysterier

Det ansiktsløse
strekker ut armene
og ber deg komme nærmere
inn i sin mørke grotte
der veggene er fuktige av gåter
der sprekkene vitner om tause åpenbaringer
som bare er de innviede prisgitt

Hører du det navnløse hviske
på et språk uten ord
at det ikke finnes noe å frykte
at du en dag skal omfavne både sprekkene
og fukten

skjønt enn så lenge
skal du bare puste
samt sette deg ydmykt til rette
under mysteriene

Minotaurens skjebne

Prøver å nå inn til deg
her jeg går gjennom en labyrint
med bind for øynene
og forsøker å få bukt med dette monsteret
som er lik mangelen på forståelse

Bare tiden og kjærligheten
er veivisere
Ariadnes tråd
som leder meg inn
til språket du snakker

Samtale med det ordløse

Åpn meg opp
så jeg kan høre
alt det støyen tok ifra meg

Skru opp stillheten og stemmene
til alt som lever
og la det usynlige deklamere
sine sannheter

For jeg vil ikke snakke
med annet enn det ordløse
Ta del i en samtale
der menneskelige språk ikke trengs

Så åpn meg opp
og fyll meg til randen
av det hinsidige

Bare dette kan overdøve
tidens tunge steg

Uten ord

La oss skimte det som skal komme
uten å gå til grunne
i opphisselsen

Se
malte strøk kysser trekronene
Dette
og alle kloders vann kan vi drikke
midt i et mylder av ansikter uten øyne
og høye tårn

Flå oss ikke levende
dere huddekte blikk

For vi skimter det som alltid har vært
her vi åpner oss opp
for ømhet og sakte liv
En reise i stillhets gåter
der menneskene berører hverandre
uten ord

Det aller helligste

Nå setter vi oss ned
du og jeg
og forsøker å trenge gjennom
lag på lag
Gå gjennom rom med dører
som fører inn til nye rom

Hvem vet
Kanskje kommer vi så langt
at vi kan banke på
det aller helligste
der alle hemmelighetene
og det uforanderlige ligger
Siste stopp før ensomheten begynner

Er vi så heldige å nå så dypt
ja, da kan vi vel si
at vi snakker samme språk

Japansk drøm III

Fred mellom hvert ord
Røtter blir dypere
Sjeler vokser sammen

(Mis)forståelse

I går du snakket til meg
Hier on s'est vu
men du så meg ikke
forsto meg ikke
Kan du trenge gjennom reglene
strukturene
syntaksen
for å komme inn til meg?
Kan du stige over
og forstå?

Over klodene ser vi himmellegemer
som snakker samme språk
som oversetter for oss
det tegnene ikke kan dekke

Og ser meg du
Aquí estámos
i forståelsens labyrint
uten ord

Og vi nikker
og forstår hverandre
likevel

Lingvistens kamp mot ensomheten

Og lingvistens oppgave?
Jo, det er å trenge litt dypere inn
i de merkelige paradigmene og systemene
i disse underfundige tegnene og symbolene
som menneskene bruker for å føle seg
litt mindre alene

Innhold

9 788826 913272 4